THE TAILOR OF GLOSTER

GW00374297

SQUIRREL NUTKIN

TOM KITTEN

PETER RABBIT

DIOGENES KINDER KLASSIKER

d

Beatrix Potter

Die Geschichte von Frau Tupfelmaus

Deutsch von Claudia Schmölders

Diogenes

Die englische Erstausgabe erschien 1910
unter dem Titel
›The Tale of Mrs. Tittlemouse‹
Alle Rechte bei
Frederick Warne P.L.C.
London

Alle deutschen Rechte vorbehalten
Copyright © 1984 by
Diogenes Verlag AG Zürich
60/84/Gb/1
isbn 3 257 00644 6

*Nellys
kleines Buch*

Es war einmal eine Waldmaus, die hieß Frau Tupfelmaus. Sie lebte in einer Böschung unter einer Hecke.

Das war vielleicht ein Haus! Es hatte meterlange, sandige Gänge zwischen den Heckenwurzeln, und alle führten zu Vorratskellern und Kellern für Nüsse und Kellern für Samen.

Es gab eine Küche, ein Wohnzimmer, eine Geschirr- und eine Speisekammer.

Und außerdem noch das Schlafzimmer von Frau Tupfelmaus. Sie schlief in einem kleinen Alkoven!

Frau Tupfelmaus war eine wirklich schrecklich reinliche, kleine Maus; dauernd kehrte und fegte sie den weichen sandigen Boden. Manchmal verlief sich ein Käfer in den Gängen.

»Husch! Husch! kleiner Schmutzfuß!« sagte Frau Tupfelmaus und klapperte mit dem Handfeger.

Und eines Tages rannte eine kleine alte Frau in einem rotgesprenkelten Mantel hin und her.

»Euer Haus brennt, Mutter Marienkäfer! Fliegt heim zu Euern Kindern!«

Und wieder an einem andern Tag suchte eine große, dicke Spinne Schutz vor dem Regen.

»Verzeihung, bin ich hier nicht bei Fräulein Pustel?«

»Scher dich weg, du freche, böse Spinne! Überall Spinnweben in meinem schönen, sauberen Haus!«

Sie jagte die Spinne aus dem Fenster. Diese ließ sich draußen an einem langen, dünnen Faden die Hecke hinunter.

Frau Tupfelmaus ging weiter zu einem abgelegenen Vorratsraum, um Kirschkerne und Distelwollsamen zum Essen zu holen.

Sie schnüffelte den Gang entlang und betrachtete den Fußboden. »Ich rieche den Geruch von Honig – sind das die kleinen Schlüsselblumen draußen in der Hecke? Jedenfalls sehe ich hier kleine, schmutzige Fußspuren.«

Als sie um die Ecke bog, stieß sie plötzlich auf Betty Biene. »Summ, Summ, Summ!« machte die Biene.

Frau Tupfelmaus betrachtete sie streng. Sie wünschte sich einen Besen her.

»Guten Tag, Betty Biene. Ich würde gern etwas Bienenwachs bei dir kaufen. Aber was machst du hier unten? Warum kommst du immer zum Fenster herein und sagst Summ, Summ, Summ?« Frau Tupfelmaus wurde ärgerlich.

»Summ, Ssumm, Sssumm!« antwortete Betty Biene verdrossen. Sie bog in einen Seitengang ein und verschwand in einer Vorratskammer für Eicheln.

Frau Tupfelmaus hatte die letzten Eicheln vor Weihnachten gegessen; die Vorratskammer sollte also leer sein.

Aber sie war voll von schmutzigem, trockenem Moos.

Frau Tupfelmaus machte sich daran, das Moos herauszuholen. Drei oder vier andere Bienen steckten die Köpfe vor und summten böse.

»Ich vermiete keine Wohnungen! Das ist Einbruch!« sagte Frau Tupfelmaus. »Ich will, daß ihr verschwindet!« – »Summ! Summ! Summ!« – »Wer könnte mir nur helfen?« – »Summ! SUMM! SUMM!«

»Jedenfalls nicht Herr Jakob, der putzt sich nie die Schuhe ab.«

Frau Tupfelmaus beschloß, die Bienen bis nach dem Essen in Ruhe zu lassen.

Als sie ins Wohnzimmer zurückkam, hörte sie jemand mit tiefer Stimme husten; und da saß tatsächlich Herr Jakob höchstpersönlich! Er saß dick und fett in einem kleinen Schaukelstuhl, die Füße auf dem Kaminsims. Er drehte Däumchen und lächelte.

Herr Jakob lebte in einer Abflußrinne unter der Hecke, einem sehr schmutzigen, nassen Graben.

»Wie geht es Ihnen, Herr Jakob? Mein Gott, wie sind Sie naß!«

»Dankedankedanke, Frau Tupfelmaus! Ich will ein Weilchen sitzen und mich trocknen«, sagte Herr Jakob.

Er saß und lächelte, und das Wasser tropfte von seinen Rockschößen. Frau Tupfelmaus lief mit einem Lappen um ihn herum.

Er blieb solange sitzen, bis sie ihn zum Essen einladen mußte.

Zuerst bot sie ihm Kirschkerne an.

»Dankedankedanke, Frau Tupfelmaus! Keine Zähne, keine Zähne, keine Zähne!« sagte Herr Jakob.

Er riß das Maul unnötig weit auf; natürlich, er hatte keinen einzigen Zahn im Mund.

Dann bot sie ihm Distelwollsamen
an.

»Schnickelschnackelschnick! Piff,
Paff, Puff!« sagte Herr Jakob und pu-
stete die Distelwolle durch das ganze
Zimmer.

»Dankedanke, Frau Tupfelmaus!
Nein, was ich wirklich, *wirklich* gerne
hätte, wäre ein bißchen Honig!«

»Es tut mir leid, ich habe keinen, Herr Jakob«, sagte Frau Tupfelmaus.

»Schnickelschnackelschnick, Frau Tupfelmaus!« sagte Herr Jakob lächelnd. »Ich *rieche* ihn ja, deshalb bin ich doch gekommen.«

Herr Jakob erhob sich schwerfällig vom Tisch und fing an, die Schränke zu durchsuchen.

Frau Tupfelmaus lief mit dem Spültuch hinter ihm her und wischte die großen, nassen Fußspuren vom Boden.

Als er sich davon überzeugt hatte, daß in den Schränken wirklich kein Honig war, ging er in den Gang hinaus.

Wahrhaftig, wahrhaftig, Sie werden steckenbleiben, Herr Jakob!«

»Schnickelschnackelschnick, Frau Tupfelmaus!«

Zuerst zwängte er sich in die Geschirrkammer.

»Schnickelschnackelschnick? Kein Honig? Kein Honig, Frau Tupfelmaus?«

Drei Kribbelkrabbeltiere hatten sich hinter dem Tellerständer versteckt. Zwei konnten weglaufen, aber das Kleinste erwischte er.

Dann quetschte er sich in die Speisekammer. Fräulein Schmetterling pro-
bierte gerade den Zucker, aber jetzt
flog sie aus dem Fenster.

»Schnickelschnackelschnick, Frau
Tupfelmaus; Sie scheinen eine Menge
Besuch zu haben!«

»Und ohne jede Einladung!« sagte
Frau Thomasine Tupfelmaus.

Sie schloß sich in den Nußkeller ein, während Herr Jakob das Bienennest ausräumte. Die Stiche störten ihn offenbar nicht. Als Frau Tupfelmaus sich wieder herauswagte – war niemand mehr da. Aber der Dreck war fürchterlich.

»Hat man so etwas schon gesehen? Honigflecken, Moos, Distelwolle und überall große und kleine, schmutzige Fußspuren in meinem schönen, sauberen Haus!«

Sie sammelte das Moos und Reste von Bienenwachs auf. Dann ging sie hinaus und holte sich ein paar Zweige, um den Eingang etwas enger zu machen.

»*Zu* eng für Herrn Jakob will ich ihn machen!«

Dann holte sie Kernseife, einen Lappen und einen neuen Schrubber aus der Vorratskammer. Aber sie war zu müde, um noch irgend etwas zu tun. Erst schlief sie in ihrem Stuhl ein, dann ging sie ins Bett. »Ob es wohl jemals wieder sauber wird?« fragte sich die arme Frau Tupfelmaus.

Am nächsten Morgen stand sie sehr früh auf und fing mit einem Frühjahrsputz an, der vierzehn Tage dauerte.

Sie wischte und schrubbte und kehrte; sie rieb ihre Möbel mit Bienenwachs ein und polierte die kleinen Zinnlöffel.

Als alles schön sauber und rein war, gab sie ein Fest für fünf andere kleine Mäuse, aber ohne Herrn Jakob.

Er roch das Fest und kam zu der Wohnung, aber er konnte sich nicht mehr durch die Tür zwängen.

So reichten sie ihm Honigtropfen in Eicheltassen durchs Fenster, und er war überhaupt nicht beleidigt.

Er saß draußen in der Sonne und sagte: »Schnickelschnackelschnick! Auf Ihre sehr gute Gesundheit, Frau Tupfelmaus!«

ENDE